Inhalt

"Grüne Chemie" - aus der modernen Welt nicht mehr wegzudenken

Kernthesen

Beitrag

Fallbeispiele

Weiterführende Literatur

Impressum

"Grüne Chemie" - aus der modernen Welt nicht mehr wegzudenken

Harald Reil

Kernthesen

- 1991 formulierte der Chemiker Paul Anastas die zwölf Prinzipien der "Grünen Chemie". Seine Kollegen scheinen seine Forderungen ernst zu nehmen.
- Die Chemieindustrie hat ihren Energieverbrauch bereits drastisch gesenkt. Für die ökologische Wende setzt sie jetzt auf nachwachsende Rohstoffe.
- Die Branche ist auf einem guten Weg zu noch mehr "Grüner Chemie". Politische Unterstützung würde ihr zusätzlich helfen.

Frankreich zeigt, wies geht.
- Ob Meerrettich, Bernsteinsäure oder Krebstierschalen: Bei der Entwicklung umweltfreundlicher Produkte setzen Wissenschaftler oft ganz auf die Natur.

Beitrag

"Die zwölf Prinzipien der Grünen Chemie"

Es ist noch gar nicht so lange her, dass die "Grüne Chemie" zum ersten Mal in den Blickpunkt der Öffentlichkeit gerückt ist. Genauer gesagt, war es im Jahr 1991, als der US-amerikanische Chemiker Paul Anastas seinem Berufsstand mit seinen "Zwölf Prinzipien der Grünen Chemie" einen Verhaltenskodex an die Hand gegeben hat, mit dessen Hilfe er umweltfreundlicher produzieren sollte. Dass der Aufruf nicht auf taube Ohren gestoßen ist, lässt sich trotz einer gesunden Skepsis vor allzu optimistischen Verlautbarungen der Branche nicht verleugnen. Die deutsche Chemieindustrie hat beispielsweise von 1990 bis ins Jahr 2009 ihre Produktivität um satte 42 Prozent nach oben geschraubt, gleichzeitig ihren Energieverbrauch aber um immerhin 33 Prozent gesenkt. Eine ähnlich gute Zahl lässt sich in punkto Ausstoß von Treibhausgasen vermelden. Der verringerte sich im selben Zeitraum gar um 48 Prozent. Hoch anzurechnen ist es der Branche außerdem, dass sie ihre Abfälle drastisch reduziert hat. (1), (7)

Auch das Engagement der Politik ist gefragt

Für die Zukunft noch entscheidender wird aber die Entwicklung von Innovationen auf der Basis neuartiger chemischer Verbindungen sein, mit deren Hilfe sich unser aller Leben umweltverträglicher gestalten lässt. Als Königsweg gilt, wenn dazu auch noch nachwachsende Rohstoffe eingesetzt werden. Auch das war übrigens eine der Forderungen, die der Wegbereiter der "Grünen Chemie", Paul Anastas, bereits vor mehr als 20 Jahren formuliert hat. Und in der Tat kann die chemische Industrie auch auf diesem Gebiet Erfolge vorweisen, die aller Ehren wert sind. Sie arbeitet zum Beispiel mit Meerrettich, um umweltfreundlichere Verpackungen herzustellen; sie setzt Bernsteinsäure ein, die auf der Grundlage von nachwachsenden Rohstoffen hergestellt wird, um Kautschuk zu produzieren, oder sie experimentiert mit den chitinhaltigen Schalen von Krabben und Krebsen, um neue Rohstoffe für Chemikalien zu gewinnen. Ist also die Chemieindustrie auf dem besten Wege zur grünen Vorzeigebranche zu werden? Bis dahin ist es zwar noch ein weiter Weg; doch wenn sich zusätzlich auch noch die Politik für die Ökochemie engagiert, könnten sich die einzelnen Erfolge, die die Branche ohne Zweifel bereits vorweisen kann, tatsächlich zu einer Erfolgsgeschichte ausweiten. (1), (2), (4), (6)

Französischer Staatspräsident fördert "Grüne Chemie"

Ein Blick nach Frankreich zeigt, wie es funktionieren könnte. Staatspräsident Nicolas Sarkozy hat sich im September letzten Jahres anlässlich eines Besuchs in der nordfranzösischen Region Picardie, deren Unternehmen eine entscheidende Rolle in der Weiterentwicklung der "Grünen Chemie" spielen, dezidiert für eine ökologische Wende ausgesprochen. Dabei hat er ausdrücklich auch das Ziel formuliert, neue Arbeitsplätze in der Ökochemie zu schaffen. Er kündigte außerdem an, dass seine Regierung den Anteil an nachwachsenden Rohstoffen in der chemischen Industrie von bisher acht auf 15 Prozent steigern wolle. Sarkozy erinnerte zudem daran, dass 64 Millionen Euro für das 218 Millionen Euro teure Pivert-Projekt, das der Herstellung von Biokraftstoff auf Pflanzenbasis diene und das in der Picardie-

Region umgesetzt werde, aus dem französischen Staatssäckel finanziert worden seien. Kurzum: Es scheint, dass die französische Regierung es tatsächlich ernst meint und alles dafür tut, den Weg für eine Fortentwicklung der "Grünen Chemie" zu ebnen. Der deutschen Politik würde ein ähnliches Engagement ebenfalls gut zu Gesicht stehen. (5)

"Grüne Chemie" ist aus der modernen Welt nicht mehr wegzudenken

Bekannte Großunternehmen wie Coca-Cola, Nestlé, Danone oder Procter & Gamble setzen bereits Verpackungen ein, die biologisch abbaubar sind. Andere Firmen nehmen für Biokunststoffe ebenfalls eine Menge Geld in die Hand, verwenden diese aber für ganz andere Zwecke. Auch wenn das Bestreben der Industrie natürlich nicht immer ganz selbstlos ist. So ist der Umweltgedanke vor dem Hintergrund der Kosten der Abfallbeseitigung und der Abgasnormen natürlich unter anderem dem Selbsterhaltungstrieb zu schulden. Auch muss die immer noch großteils vom Erdöl abhängige Chemie mittelfristig vermehrt auf nachhaltigere Rohstoffe setzen. Nicht zuletzt ermöglicht die Grüne Chemie aber auch die Erschließung neuer Märkte und Kunden, die vermehrt "grüne Produkte" nachfragen. So unterschiedlich die Ziele auch sein mögen, die Entwicklung zeigt ganz deutlich: "Grüne Chemie" ist aus der modernen Welt nicht mehr wegzudenken. (8)

Trends

Mit "Grüner Chemie" auf Wählerfang

Angesichts des drohenden Umweltkollapses müssen Industriebetriebe jeglicher Couleur über neuere, sauberere Produktionsweisen nachdenken. Die Chemiebranche bildet da keine Ausnahme. Sie steht aber noch in anderer Hinsicht in der Pflicht. Die besondere Natur ihrer Arbeit legt es nahe, dass sie versuchen sollte, die ökologische Wende auch noch durch die Erforschung neuartiger chemischer Verbindungen, die die Herstellung von umweltfreundlicheren Produkten erlauben, voranzutreiben. Dass sich die Branche dieser Herausforderung stellt, kann sie durch Erfolge belegen. Sie wird den eingeschlagenen Weg auch sicherlich nicht mehr verlassen. Jetzt ist zusätzlich die Politik an der Reihe, die Rahmenbedingungen für eine florierende Öko-Chemie noch günstiger zu gestalten.

Lange wird sie wahrscheinlich nicht mehr auf sich warten lassen. "Grüne Chemie" zu propagieren, ist nicht nur opportun und bringt daher ganz sicherlich auch Wählerstimmen, sie ist vor allem eine dringende Forderung der Zeit.

Weiteres "grünes Prinzip": sparsamer Umgang mit Wasser

Wenn auch Anastas' Prinzipien in der Branche unumstritten sind, ist die Liste nicht unbedingt vollständig. So wird inzwischen dafür plädiert, auch den sparsamen Umgang mit Wasser in den Prinzipienkatalog aufzunehmen. Wasser ist nicht nur für die Herstellung pflanzlicher Biomasse von Bedeutung, sondern auch für große chemische Reaktionen unerlässlich. Gefordert wird daher ein minimaler Wasserverbrauch bei maximaler Kreislaufführung. (7)

Fallbeispiele

Gibt es bald saubere Verpackungen auf der Grundlage

eines Meerrettich-Enzyms?

Wissenschaftler der Universität Basel ist ein entscheidender Schritt in Richtung der Entwicklung von umweltfreundlichen Polymeren gelungen, die sich in Zukunft vielleicht für Verpackungsmaterialien in der Lebensmittelindustrie oder für Materialien in der Medizintechnik verwenden lassen. Die Forschungsgrundlage ist der Nachweis einer katalytischen Aktivität eines spezifischen Enzyms, das die Forscher aus Meerrettich gewonnen haben. (2)

BASF entwickelt umweltfreundliche Alternative zu Phosphaten

Forscher des Chemieriesen BASF mit Sitz in Ludwigshafen haben ein Phosphatsubstitut entwickelt, das auf natürlichem Wege vollständig und umweltfreundlich abgebaut wird. BASF wird den Stoff namens Trilon M in Zukunft als saubere Alternative für Wasserenthärter einsetzen. Damit will das Unternehmen dazu beitragen, Gewässer vor Überdüngung und übermäßigem Algenwuchs zu schützen - Phänomene, die durch schädliche Phosphate ausgelöst werden. Die Entwicklung des

Phosphatersatzstoffes brachte BASF einen Platz in der Endausscheidung des Deutschen Innovationspreises ein. (3)

Lanxness setzt verstärkt auf "Grüne Chemie"

Lanxness weitet seinen Einsatz für Nachhaltigkeit aus. Der Konzern für Spezialchemie hat angekündigt, dass er bereits in diesem Jahr Weichmacher produzieren will, die auf gesundheitlich unbedenklicher Bernsteinsäure basieren. Das in Leverkusen ansässige Unternehmen ist zu diesem Zweck eine Kooperation mit der US-amerikanischen Firma BioAmber eingegangen. Lanxness setzt außerdem für die Herstellung von synthetischem Hochleistungskautschuk nachwachsende Rohstoffe ein. Für dieses Projekt arbeitet das Unternehmen mit Braskem, einem brasilianischen Partner zusammen, der den Kautschuk-Basisstoff Ethylen aus Zuckerrohr gewinnt. Lanxness hält außerdem eine Beteiligung an dem US-amerikanischen Unternehmen Gevo, das Isobutanol aus nachwachsenden Rohstoffen gewinnt, zum Beispiel aus Futtermais. Dieser Stoff ist wiederum die Grundlage für Isobuten, ein Stoff, der der Produktion von Butylkautschuk dient. (4)

EU-Projekt: Wissenschaftler forschen mit Krebstierschalen

Im niederbayerischen Straubing forschen Wissenschaftler an der Verwertung biologischer Abfälle. Konkret untersuchen sie, ob sich aus den chitinhaltigen Schalen von Krabben und Krebsen Rohstoffe für Spezial- und Feinchemikalien gewinnen lassen. Partner aus Norwegen, Österreich, Tschechien, Irland, Tunesien und Indonesien unterstützen sie dabei. Das Projekt, das den Namen ChiBio trägt, wird von der Europäischen Union seit November letzten Jahres mit einer Summe von drei Millionen Euro drei Jahre lang gefördert. (6)

Weiterführende Literatur

(1) Die zwölf Gebote
aus DIE WELT, 29.04.2011, Nr. 99, S. 22

(2) Grüne Chemie Kontrollierte Polymerisation mittels Enzymen aus Meerrettich
aus PROCESS Nr. 11 vom 17.11.2011

(3) Grüne Chemie
aus WirtschaftsWoche NR. 013 VOM 28.03.2011 SEITE 080

(4) "Grüne Chemie"-Initiativen bei Lanxess

aus CHEManager 20/2011

(5) Sarkozy setzt auf Biokraftstoffe und "Grüne Chemie"
aus Agra-Europe (AgE), 52. Jahrgang Nr. 41 vom 10.10.2011

(6) Krabbenschalen als Rohstoff für Chemikalien
aus chemie.de News vom 30.11.2011

(7) Rohstoffwandel und Grüne Chemie Neue Rohstoffe stellen die Grüne Chemie vor neue Herausforderungen
aus PROCESS Nr. 1 vom 28.09.2011

(8) Biokunststoffe
aus Kunststoffe - Werkstoffe, Verarbeitung, Anwendung, Heft 10/2011, S. 117-125

Impressum

"Grüne Chemie" - aus der modernen Welt nicht mehr wegzudenken

Bibliografische Information der deutschen Nationalbibliothek

Die Deutsche Nationalbibliothek verzeichnet diese Publikation in der deutschen Nationalbibliografie; detaillierte bibliografische Daten sind im Internet über http://dnb.d-nb.de abrufbar.

ISBN: 978-3-7379-1529-8

© 2015 GBI-Genios Deutsche Wirtschaftsdatenbank GmbH, Freischützstraße 96, 81927 München, www.genios.de

Alle Rechte vorbehalten. Dieses Werk ist einschließlich aller seiner Teile – z.B. Texte, Tabellen und Grafiken - urheberrechtlich geschützt. Jede Verwertung außerhalb der Grenzen des Urheberrechtsgesetzes bedarf der vorherigen Zustimmung des Verlags. Dies gilt insbesondere auch für auszugsweise Nachdrucke, fotomechanische

Vervielfältigungen (Fotokopie/Mikroskopie), Übersetzungen, Auswertungen durch Datenbanken oder ähnliche Einrichtungen und die Einspeicherung und Verarbeitung in elektronischen Systemen.